Inhalt

Die Verpackungsnovelle (Dosenpfand)

Kernthesen

Beitrag

Fallbeispiele

Weiterführende Literatur

Impressum

GENIOS WirtschaftsWissen Nr. 03/2005 vom 04.03.2005

Die Verpackungsnovelle (Dosenpfand)

I.Zeilhofer-Ficker

Kernthesen

- Nach rund fünf Jahren politischer Diskussionen und Abstimmungen hat die Verpackungsnovelle zur Pfandpflicht von Einwegverpackungen im Januar 2005 endlich die letzten politischen Hürden genommen.
- Die Pfandhöhe wird ab Mai 2005 einheitlich für alle Gebinde bis drei Liter 25 Cent betragen.
- Die Mehrwegquoten als Entscheidungskriterium für ein Einwegpfand werden abgeschafft.
- Spätestens ab Mai 2006 müssen Insellösungen ersetzt werden.

- Einziges Rücknahmekriterium wird dann die Materialart (Blech, Plastik oder Glas) der verkauften Einwegverpackungen sein.

Beitrag

Verabschiedung nach fast fünf Jahren

Fast fünf Jahre dauerte der politische Streit um die Novellierung der Verpackungsverordnung aus dem Jahr 1991, in der erstmals die Einführung eines Pflichtpfandes für Einwegverpackungen festgeschrieben wurde. Die Verordnung sah vor, dass ein Pflichtpfand dann zu erheben sei, wenn für eine bestimmte Getränkeart die Mehrwegquote unter 72 Prozent sinkt. Da dies über Jahre hinweg für Bier, Mineralwasser und Erfrischungsgetränke mit Kohlensäure der Fall war, startete das sogenannte "Dosenpfand" zum Januar 2003. (1), (2), (www.bmu.de)

Das Pfand, logische Konsequenz auf die ökologisch verheerende Wirkung des massiv ansteigenden Verkaufs von Einweggebinden, wurde vor allem von Großkonzernen der Getränkeindustrie von Anfang an abgelehnt und durch massive Lobbyarbeit, durch fadenscheinige Gerichtsverfahren und weiteren Aktionen behindert. Nachdem im Dezember 2004 die Freigabe der Novellierung durch die EU-Gerichte, die EU-Kommission und dem Bundesrat erfolgt war, konnte die Vereinfachung des Pfandrechtes im Januar 2005 vom Bundeskabinett und Bundestag endgültig beschlossen werden. (1), (2), (3)

Der erste Teil der Neuregelung kann somit bereits zum Mai 2005 in Kraft treten. Die vor allem für Verbraucher zum Ärgernis gewordenen Insellösungen werden ab Mai 2006 abgeschafft sein müssen. (2), (4)

Die Änderungen im Detail

Einheitliche Pfandhöhe

Ein Ziel der Novelle der Verpackungsverordnung war die Vereinfachung der Pfandpflicht. Ab Mai 2005 wird deshalb ein einheitliches Pfand von 25 Cent pro Gebinde erhoben, gleich welche Materialart oder Gebindegröße (bis zu 3 Litern). Das 50 Cent Pfand für Großgebinde über 1,5 Liter wird abgeschafft. (2), (4), (5)

Quotenregelung entfällt

Die ursprüngliche Verpackungsverordnung sah vor, dass die Pfandpflicht für einzelne Getränkearten dann eintritt, wenn über einen gewissen Zeitraum hinweg weniger als 72 Prozent des Getränkes in Mehrwegverpackungen verkauft wird. Dieser Auslösefaktor verursachte jahrelange Ermittlungen und Berechnungen. Basierend auf der Quotenregelung wurde das Pflichtpfand zum Januar 2003 für Bier, Mineralwasser und Erfrischungsgetränke mit Kohlensäure eingeführt. Saft und Wein hätte nach dieser Regelung ab 2005 ein Pflichtpfand gedroht. (1), (5)

Die Quotenregelung wird mit der Novelle abgeschafft und es gelten stattdessen generelle Ausnahmen von der Pfandpflicht für Säfte, Wein und Milch sowie Mischgetränke, die mehr als 50 Prozent Wein oder Milch enthalten. Von der Pfandpflicht erfasst werden aber ab Mai 2006 Erfrischungsgetränke ohne Kohlensäure wie beispielsweise Eistee sowie Mischgetränke mit mindestens 15 Volumenprozent Alkohol (Alco-Pops). (1), (2), (5), (6), (7)

Ausgenommene

Verpackungsarten

Nicht pfandpflichtig bleiben Getränke, die in ökologisch vorteilhaft eingestuften Verpackungen verkauft werden. Dazu gehören der Getränkekarton, der Schlauchbeutel sowie der Folien-Standbodenbeutel. Ausgenommen sind bis zum Jahr 2012 ebenfalls Verpackungen aus biologisch abbaubaren Werkstoffen, die voll kompostierbar sein müssen. Es muss allerdings nachgewiesen werden, dass ein hoher Anteil dieser Verpackungen tatsächlich der Verwertung zugeführt wird. (6), (7), (www.bmu.de)

Insellösungen entfallen

Um zu vermeiden, dass die Verbraucher Einweggebinde in Ladengeschäfte zurückbringen, die dort gar nicht verkauft werden, haben sich vor allem die großen Discounter die sogenannten Insellösungen ausgedacht. Sie verkaufen beispielsweise Mineralwasser in Gebinden, die in bestimmter Form und Beschaffenheit nur bei den konzerneigenen Verkaufsstellen erhältlich sind. Damit sind sie auch nur verpflichtet, diese speziellen Gebinde zurückzunehmen. Das zwingt den Verbraucher dazu, die Einweggebinde für die Pfandrückerstattung danach zu sortieren, bei wem das Getränk gekauft wurde. Eine mühsame Angelegenheit, die dazu führte, dass viele Kunden die Pfandflaschen oder Dosen einfach über den gelben Sack entsorgen. Dieser "Pfandschlupf" hat den großen Discountern Erträge in Millionenhöhe erbracht. (8), (9)

Ab Mai 2006 soll damit endlich Schluss sein. Unterschieden wird dann nur noch nach Verpackungsmaterial. Das heißt, wenn ein Geschäft Einweggebinde aus Plastik verkauft, muss es diese auch zurücknehmen, wenn es Blechdosen verkauft, müssen solche angenommen werden, auch wenn das Gebinde nicht in dem entsprechenden Geschäft gekauft wurde. Für die notwendige Entschädigung für die Pfandauszahlung soll eine zentrale Zähl- und Clearingstelle sorgen. (1), (10)

Europäische Bedenken

Vor allem die Insellösungen wurden vom Europäischen Gerichtshof in seinem Urteil im Dezember 2004 bemängelt, da sie eine Behinderung des freien Warenverkehrs darstellen. Außerdem war die Frist von 6 Monaten bis zum Start des Pfandsystems als zu kurz angesehen worden. Vor allem ausländische Mitbewerber hätten sich so nicht früh genug auf die Änderung einstellen können. (10), (11), (12)

Das Pfandsystem als solches wurde als rechtmäßig erklärt unter der Voraussetzung, dass ein funktionierendes bundesweites Rücknahme- und Clearingsystem geschaffen wird. Dass der Aufbau dieses Systems den Herstellern und Vertreibern überlassen wird, ist ebenfalls mit EU-Recht vereinbar. (10), (11), (12)

Die EU-Kommission hatte nach dem Urteilsspruch ihr Einverständnis mit dem deutschen Einwegpfand signalisiert, sofern die Änderungen wie in der Novelle vorgesehen beschlossen würden. (11)

Offene Fragen

- Rücknahme- und Clearingsystem
- ausländische Importe ohne Pfandpflicht
- PETCyle-System

Fallbeispiele

Rund 15 bis 20 Prozent aller verkauften Einweggebinde werden nach Branchenschätzungen nicht zur Pfanderstattung zurückgebracht. Vor allem die Flaschen und Dosen der großen Discounter wandern zu einem großen Teil in den gelben Sack statt zurück in den Laden. Auf rund 100 Millionen Euro lauten die Schätzungen für die Pfandschlupf-Einnahmen. (8)

Mehrere Unternehmen haben großes Interesse an dem Rücknahme- und Clearinggeschäft, dass die Verpackungsnovelle nach sich ziehen wird. Die Firma Interseroh erhebt den Anspruch, zusammen mit der Westpfand Clearing GmbH bereits über ein flächendeckendes Rücknahme- und Verrechnungssystem zu verfügen. Aber auch das Duale System Deutschland (DSD) sowie die Arbeitsgemeinschaft umweltfreundliche Verpackungssysteme haben starkes Interesse angemeldet. (1), (11), (18)

Dass man es mit der Kontrolle der Pfanderhebung ernst meint, musste die Handelskette Netto Süd erfahren. Ein Ordnungsgeld von 250 000 Euro bzw. eine Ordnungshaft bis zu sechs Monaten wurden ihr vom Landgericht Amberg angedroht, weil das Pfand nicht ordnungsgemäß eingezogen wurde. (19)

Weiterführende Literatur

(1) Roth, Wolfgang, Friedensschluss im Dosenkrieg, Süddeutsche Zeitung, 18.12.2004, Ausgabe Deutschland, S. 6
aus Labo, Heft 03, 2003

(2) Trittin-Novelle durch Bundestag
aus Lebensmittel Zeitung 04 vom 28.01.2005 Seite 037

(3) Geschichte einer Blockade Der Streit um das Dosenpfand ist ein schlimmes Beispiel, wie Lobbyisten politische Entscheidungen verzögern und durcheinander bringen
aus Frankfurter Rundschau v. 17.12.2004, S.7, Ausgabe: S Stadt

(4) O. V., 25-Cent-Dosenpfand tritt im Mai in Kraft, Frankfurter Neue Presse, Gemeinsame Ausgabe vom 09.02.2005, S. 2
aus Frankfurter Rundschau v. 17.12.2004, S.7, Ausgabe: S Stadt

(5) Verpackungsnovelle vom Bundesrat abgesegnet
aus Lebensmittel Zeitung 52 vom 23.12.2004 Seite 014

(6) Verpackungsnovelle verabschiedet
aus Lebensmittel Zeitung 49 vom 03.12.2004 Seite 032

(7) Novelle für die Pfandpflicht
aus afz - allgemeine fleischer zeitung Nr. 03 vom
19.01.2005 Seite 002

(8) Scheffbuch, Philipp, Kunden schenken Aldi & Co
100 Millionen, Stuttgarter Zeitung, 25.01.2005, S. 1
aus afz - allgemeine fleischer zeitung Nr. 03 vom
19.01.2005 Seite 002

(9) Kabinettsbeschluss schafft neue Verwirrung
aus Lebensmittel Zeitung 45 vom 05.11.2004 Seite 062

(10) EU hält geplante Änderungen am Dosenpfand
für ausreichend
aus netzeitung.de vom 14.12.2004

(11) Europarichter beanstanden Dosenpfand
aus Frankfurter Allgemeine Zeitung, 15.12.2004, Nr. 293, S. 13

(12) Zwangspfand überwindet EuGH-Hürde
aus Lebensmittel Zeitung 53 vom 30.12.2004 Seite 020

(13) O. V., Regierung kippt "Insellösung" beim Dosenpfand, Bonner General-Anzeiger, 04.11.2004, S. 20
aus Lebensmittel Zeitung 53 vom 30.12.2004 Seite 020

(14) Bauchmüller, Michael / Wernicke, Christian, Die billige Dose aus dem Ausland, Süddeutsche Zeitung, 21.12.2004, Ausgabe Deutschland, S. 23
aus Lebensmittel Zeitung 53 vom 30.12.2004 Seite 020

(15) Länder beharren auf Pfand für Import-Getränke Testkäufe und Ordnungsgelder sollen Handel abschrecken
aus Financial Times Deutschland vom 21.12.2004, Seite 9

(16) Importeure fordern Nachbesserung
aus Lebensmittel Zeitung 51 vom 17.12.2004 Seite 017

(17) Handelskonzerne wollen Getränke-Pfand umgehen Edeka kündigt Verkauf importierter Dosen und Plastikflaschen an / Umweltminister Trittin sieht eine "Fortsetzung der Chaos-Strategie"
aus Frankfurter Rundschau v. 21.12.2004, S.9, Ausgabe: S Stadt

(18) Interseroh zählt vollautomatisch
aus Lebensmittel Zeitung Nr. 06 vom 11.02.2005 Seite 042

(19) Auch 2005 geht der Dosenkrieg weiter Handelsketten torpedieren den Pfand-Kompromiss von Bund und Ländern
aus Financial Times Deutschland vom 22.12.2004, Seite 10

Impressum

Die Verpackungsnovelle (Dosenpfand)

Bibliografische Information der deutschen Nationalbibliothek

Die Deutsche Nationalbibliothek verzeichnet diese Publikation in der deutschen Nationalbibliografie; detaillierte bibliografische Daten sind im Internet über http://dnb.d-nb.de abrufbar.

ISBN: 978-3-7379-1449-9

© 2015 GBI-Genios Deutsche Wirtschaftsdatenbank GmbH, Freischützstraße 96, 81927 München, www.genios.de

Alle Rechte vorbehalten. Dieses Werk ist einschließlich aller seiner Teile – z.B. Texte, Tabellen und Grafiken - urheberrechtlich geschützt. Jede Verwertung außerhalb der Grenzen des Urheberrechtsgesetzes bedarf der vorherigen Zustimmung des Verlags. Dies gilt insbesondere auch für auszugsweise Nachdrucke, fotomechanische Vervielfältigungen (Fotokopie/Mikroskopie), Übersetzungen, Auswertungen durch Datenbanken oder ähnliche Einrichtungen und die Einspeicherung und Verarbeitung in elektronischen Systemen.